मोही और दद्दू

डॉ किशोर सिन्हा

मोही और दद्दू

डॉ किशोर सिन्हा

मोही और दद्दू

(कविता) डॉ. किशोर सिन्हा

प्रथम संस्करण– जुलाई–2026

ISBN : 979-890540037-7

Poetry- MOHI AUR DADDU

by Dr Kishore Sinha

Price : 399/- (Rs. Three Hundred Ninty Nine)

शब्द–सज्जा तथा आवरण : डॉ किशोर सिन्हा

प्रकाशक : नोशन प्रेस, चेन्नई

मूल्य : 399/– (तीन सौ निन्यान्वे रुपये)

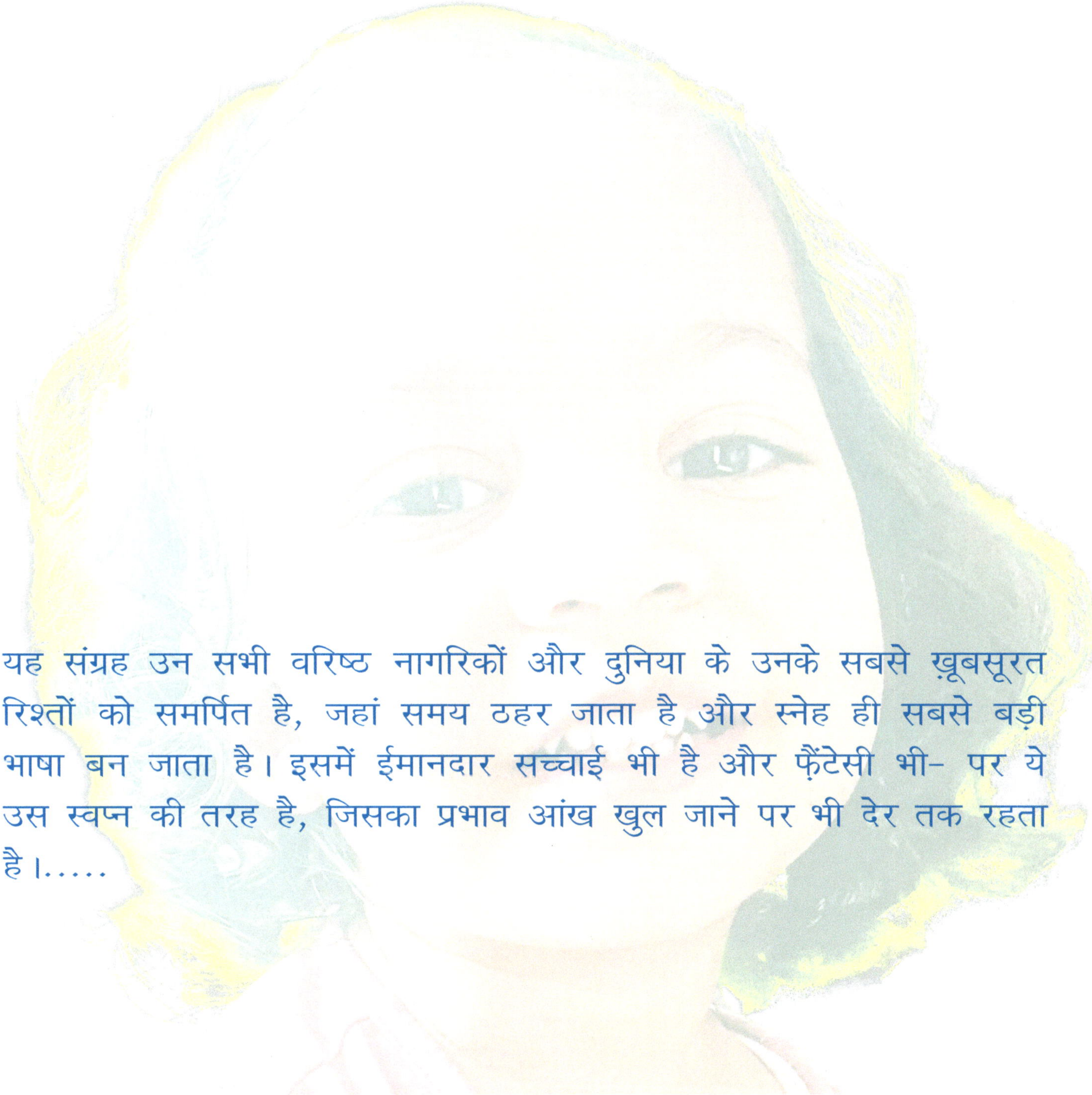

यह संग्रह उन सभी वरिष्ठ नागरिकों और दुनिया के उनके सबसे ख़ूबसूरत रिश्तों को समर्पित है, जहां समय ठहर जाता है और स्नेह ही सबसे बड़ी भाषा बन जाता है। इसमें ईमानदार सच्चाई भी है और फ़ैंटेसी भी- पर ये उस स्वप्न की तरह है, जिसका प्रभाव आंख खुल जाने पर भी देर तक रहता है।.....

'मोही और दद्दू' मात्र कविताओं का संग्रह नहीं,
बल्कि जीवंत रिश्ते की धड़कन है,
उसका संगीत है।

इसमें एक ओर
अनुभवों से भरा जीवन है,
तो दूसरी ओर मासूम
बचपन की स्फटिक खिलखिलाहट....

और इन दोनों के मिलन से उपजता है
प्रेम का एक अद्भुत संसार,
जिसमें होने के सुख से बड़ा दुनिया का कोई सुख नहीं....।

इस पुस्तक में केवल कविताएं नहीं हैं,

बल्कि एक रिश्ते की धड़कनें समाई हुई हैं....

यहां बचपन और अनुभव

एक ही छत के नीचे

प्रेम का उत्सव रचते हैं.....

'मोही और दद्दू' संभवतः दुनिया की किसी भी भाषा में (हिन्दी सहित) रचित ऐसा प्रथम कविता–संग्रह होगा, जो दादा और पौत्री के अव्याख्येय–अनुपम–अलौकिक रिश्ते पर आधारित है।

इस संग्रह में संकलित सारी कवितायें स्वानुभव के आवेग से उपजी हैं और मेरी पौत्री को खेल–खेल में कुछ पंक्तियां जोड़े जाने से अनायास ही संग–साथ से बहती चली आई हैं।

पटना से नोएडा जाने और मोही के साथ समय बिताते हुए, उसे कविता सुनाने के क्रम में औचक रूप से प्रकटी, भाव और संवेदना की यह ऐसी धारा है, जो अनकहे अनुराग से उपजी है। वास्तव में, हर बार मोही की 'कोई कविता सुनाओ दद्दू....' की फ़र्माइश और उसके ऐसे अनगिन मासूम संवादों ने इन कविताओं को जन्म दिया है; इसलिए इन कविताओं के रचे जाने में मोही का भी सहभाग है– शायद मुझसे अधिक ही।

इन कविताओं में आपको अंतस्तल के अनगढ़ विहंगम दृश्य मिलेंगे, पर हां, यदि आप यहां काव्य–शिल्प की तलाश करेंगे, तो संभवतः आपको निराशा होगी।....

प्रिय मोही,

तुम जबतक इन चमकते अक्षरों के अर्थ को पूरी तरह जानने-समझने की उम्र में पहुंचोगी, तबतक पता नहीं, मैं रहूं या न रहूं..... पर मेरे इस लिखे में पूरी दुनिया के पितामहों की आत्मानुभूति समाई है, जो उनकी पौत्री के लिए होगी या हो सकती है। इनमें गहरी संवेदना के साथ-साथ, एक अन्तर्निहित स्नेहाशीष भी है, जो तुम्हें हर पल शक्ति देगा और दुनिया की किल्विषों से तुम्हारी रक्षा करेगा।

तुमने जब इस दुनिया में अपने धवल पांव रखे, तो मैं चाहता था कि रोज़, नहीं तो हफ़्ते में एक दिन तो ज़रूर तुम्हें पत्र लिखूं और उन्हें संजोकर रखता जाऊं ताकि जब तुम बड़ी हो जाओ और पत्रों की भाषा समझने लगो, तो उन्हें पढ़ सको। ये बड़ा फ़िल्मी-सा है ना.... शायद किसी मूवी में इस्तेमाल भी हुआ है। यही सोचकर मैंने अपना इरादा छोड़ दिया। ख़ैर....

मैं नित्य तुम्हें अपने समय से आगे चलता हुआ देख रहा हूं.... आनन्दित भी हूं तुम्हारी प्रगति से.... पर कभी-कभी आशंकित भी होता हूं कि तुम्हारी ये तेज़ी कहीं तुम्हारी संवेदना का हरण न कर ले। मैं अब इतना तेज़ नहीं चल सकता कि भागकर तुम्हें पकड़ लूं और कहूं कि अपनी संवेदना को कभी मरने मत देना। यदि कहूं भी तो अभी तुम इसका गूढ़ार्थ समझ नहीं पाओगी। पर ये भरोसा मुझे है कि अपने दद्दू के साथ के क्षणों ने निश्चित ही तुम्हारे अवचेतन मन को इस बात का प्रत्यय अच्छी तरह समझा दिया होगा।

अब तो तुम्हारे संग-साथ के जितने भी दिन नियति ने मेरे लिए सुरक्षित रखा है, उसके लिए मैं उसका बहुत शुक्रगुज़ार हूं और निश्चित रूप से ये मेरे जीवन के सबसे अनमोल और जीवन से आसक्ति भरे पल हैं....

तुम्हारा
दद्दू

मोही और चिड़िया

चिड़िया रानी चिड़िया रानी, तू है बड़ी सयानी;
तू बोले मोही की बोली, मोही तेरी बानी.... ।

मोही रानी तुझे बुलाये, तू जा छिपती पेड़ों पर;
तू कब आयेगी पेड़ों से, मोही के घर उड़–उड़कर;
आना अगली बार तो कुछ लाना गीत–कहानी,
चिड़िया रानी चिड़िया रानी, तू है बड़ी सयानी;
तू बोले मोही की बोली, मोही तेरी बानी.... ।

'ए' से एप्पल, 'बी' से बॉल, 'सी' से बोले म्याऊं;
मोही सोचे खाने में मैं क्या खाऊं, क्या ना खाऊं;
खाना खाते बीच–बीच में कहे वो नाना–नानी;
चिड़िया रानी चिड़िया रानी, तू है बड़ी सयानी;
तू बोले मोही की बोली, मोही तेरी बानी.... ।

मोही और तारे

टिमटिम करते तारे आये
मोही को रिझाने आये।

बादल की खिड़की से चंदा, झांक झांक मुस्काये,
उतर गगन से एक परी, मीठे सुर में गाये....
डब्लू बबलू बेबी आये, मोही को रिझाने आये।

चूं चूं करती चिड़िया बोली, मैं बोलूं मोही की बोली,
डॉगी करता भूं भूं भौं भौं, मेरी भी तो कुछ सुन लो,
मोर हंसिनी सारे आये, मोही को रिझाने आये।

टिमटिम करते तारे आये,
मोही को रिझाने आये।

दद्दू मुझे पढ़ाओ...

मोही कहे, दद्दू मुझे पढ़ाओ...
बातें नहीं बनाओ तुम, अब दद्दू मुझे पढ़ाओ...

फिर ले आती ढेर किताबें,
अगलू–बबलू, रुनकी–झुनकी,
बल्लू मेढ़क, डॉगी की,
इसमें से कुछ मुझे सुनाओ,
अब दद्दू मुझे पढ़ाओ...

इन्साइक्लोपीडिया आती लेकर,
उसमें वह अंतरिक्ष घुमाती,
मुझको सबकुछ है पता
दद्दू को मोही समझाती....

मेरे लिए और नयी बुक कोई लेकर लाओ....
मोही कहे, अब दद्दू मुझे पढ़ाओ....

मोही चलना सीख रही

दद्दू की उंगली को थामे, मोही चलना सीख रही,
गिरती है तो दद्दू हंसते, फिर भी मोही सीख रही।

दद्दू के पास अनगिनत कथायें, जिनमें है सपनों का उजाला,
राजा–रानी, बंदर–तितली, और भालू है भोलाभाला।

मोही की मासूम हंसी में दद्दू का सारा संसार,
उसकी आंखों में दिखता है, दद्दू को जीवन का सार।

दूरी चाहे कितनी भी हो, रिश्ता रहता पास है,
दद्दू–मोही की ये दुनिया, सुंदर, सबसे ख़ास है।

दद्दू का सहारा

जब–जब थकती खेल–खेलकर
मोही दौड़ी आती है,
दद्दू के सीने से लगकर,
अनुपम दुनिया पाती है।

दद्दू की आंखों में है, अनुभव का एक समंदर,
मोही की मासूम निगाहें जिसमें ढूंढ़ें धरती–अंबर।

एक तरफ़ है बीता जीवन,
एक तरफ़ है नई कहानी,
दोनों मिलकर लिख देते हैं,
प्रेम भरी एक अमर निशानी।

मुझे चांद चाहिए

मोही बोली– ''दद्दू सुनो, चांद मुझे दिलवाओ''।
दद्दू हंसकर बोले– ''पहले, तुम मुस्कान दिखाओ।''

मोही हंसी तो चांद शरमाया, तारे झुकने आए,
जैसे उसकी हंसी में, छिपे हों सारे नभ के साए।

दद्दू बोले– ''चांद लेकर क्या करोगी मोही तुम'',
तेरी मोहिनी हंसी से चांद–सितारे जाते हैं थम।

छोटी–सी इस बात में ही, सारे जग का सार मिला,
प्रेम भरा यह खेल ही जैसे जीवन का उपहार मिला।

दद्दू का चश्मा

दद्दू का चश्मा खो जाता, मोही छुपकर हंसती,
पीछे से आकर आंखों को बंद कर हरसती।

दद्दू ढूंढ़ें इधर–उधर, फिर झूठा गुस्सा लाएं,
पर मोही की हंसी देख, ख़ुद ही ख़ुद मुस्कायें।

नहीं ख़ता इस दुनिया में मासूम शरारत की,
हर नादानी में दिखती है उमंग अनोखी–सी।

दद्दू–मोही मिलकर रचते बचपन की तस्वीर,
जिसमें हर दिन रंग भरे, हो ख़ुशियों की जागीर।

मोही कूदे पानी

बरखा आई नाच रही, मोही कूदे पानी,
दद्दू देखते, जैसे हो उनकी ही कहानी।

छोटे–छोटे पांवों पर छींटे उड़ते जाएं,
बूंदें जैसे बच्चे बनकर मोही संग मुस्काएं।

दद्दू के मन में भी उनकी यादें ताज़ा हो जायें,
बचपन के दिन जैसे, पास उन्हीं के आ जायें।

बारिश की हर बूंद बने, स्नेह भरी सौग़ात,
दद्दू–मोही जीते हैं, हर पल और हर बात।

दद्दू की गोद

रात ढली तो मोही आई, फिर दद्दू की गोद में,
कथा–कहानी सुनते ही, सोई सपनों की ओट में।

राजा–रानी, जादू–टोना, सब जीवित से हो जाते,
दद्दू के हर एक शब्द से, नए–नए दृश्य बन जाते।

धीमी–धीमी लोरी गाकर है नींद उसे बुलाती,
चांद झांकता खिड़की से, शबनम भी शरमाती।

उस पल जैसे थम जाता, जीवन का हर शोर,
दद्दू–मोही का यह रिश्ता, जैसे उजली भोर।

मोही जब स्कूल से आए

मोही जब स्कूल से आए, दौड़कर लगे गले,
दद्दू के चेहरे पर जैसे, सौ–सौ फूल खिले।

हर छोटी बातों का देती दिनभर का हिसाब,
दद्दू सुनते मुस्काकर, जैसे हो कोई किताब।

हर प्रश्न में नई जिज्ञासा, हर उत्तर में प्यार,
दोनों मिलकर ढूंढ़ते रहते जीवन का आधार।

ज्ञान और बचपन का, है यह अद्भुत संगम,
दद्दू–मोही साथ रहें तो मिट जाए हर ग़म।

दद्दू की झुर्रियां

दद्दू की झुर्रियों में छुपा, जीवन का विस्तार
मोही की मासूम निगाहें, पढ़तीं बारंबार।

एक तरफ़ है बीता कल, एक तरफ़ है आज,
दोनों मिलकर सपने बुनते, जाने सकल समाज।

अनुभव और बचपन मिलकर, रचते नई दिशा,
हर भाषा में सीख छुपी, हर बात में नया क़िस्सा।

यह रिश्ता सिखलाता है, स्नेह–प्रेम का सार,
दद्दू–मोही का संग बने, नूतन जीवन आधार।

मोही जब रोती है

मोही जब भी रोती है, उसे दद्दू पास बुलाते हैं।
हाथों में थाम हथेली उसकी, आंसू दूर भगाते हैं।

''डरने का कुछ भी नहीं है'', धीरे से समझाते हैं,
उसकी मुस्कान की किरणों से, अंधेरे हट जाते हैं।

दद्दू का विश्वास बना है, मोही का बड़ा सहारा,
हर मुश्किल में साथ रहे, है उनका यही किनारा।

छोटी–सी इस हिम्मत में, कितनी शक्ति है समाई,
दद्दू–मोही की दुनिया में, हर एक जीत मुस्काई।

मोही सुनती ध्यान लगाकर

शाम ढले जब सूरज थके, दोनों बैठें साथ,
धीरे–धीरे बातें करें, जीवन की हर बात।

मोही सुनती ध्यान लगाकर अपने दद्दू के अनुभव,
हर क़िस्से में छुपा हुआ जैसे जीवन का उत्सव।

सूरज ढलकर भी जैसे, उजियारा देकर जाए,
वैसे ही दद्दू का परम स्नेह, मोही के काम आए।

दिवस–अंत में मिल जाये यह अनमोल ख़ज़ाना,
दद्दू–मोही का संग–साथ, सबको लगता सुहाना।

मोही उड़ना चाहे

मोही उड़ना चाहे जैसे हो कोई चुनमुन चिड़िया,
छू ले अम्बर और जलाये रोज़–रोज़ फुलझड़ियां।

नन्हे अपने पांवों से वो आंगन नापे रोज़,
तितली संग दौड़ती ले ख़ुशियों की खोज।
बादल को छूकर आने की वो करती तैयारी,
आंखों में उसकी चमके दुनिया प्यारी न्यारी।

मोही बोले, "दद्दू! मैं भी पंख लगा लूं,
नील गगन में चंदा को छूकर आ लूं।"
सुनकर हंसते, दद्दू कहते, "मेरी गुड़िया,
मेहनत से खुलती है ये सपनों की डिबिया।"

मोही की मुस्कानों से महके घर की फुलवारी,
उसकी भोली बात लगे जैसे फागुन मतवारी।
उजास मन की दवा की सबसे बड़ी है पुड़िया,
मोही उड़ना चाहे जैसे हो चुनमुन चिड़िया।

मोही दौड़ी आए

सुबह–सुबह जब सूरज निकले, मोही दौड़ी आए,
दद्दू को गुड मॉर्निंग कह, चिड़ियों के गीत सुनाए।

चिड़ियों की चीं–चीं, चूं–चूं में, दोनों के सुर मिलते,
नई सुबह के हर पल में, हंसकर गले हैं लगते।

दद्दू की आंखों में चमके, फिर से बचपन सारा,
मोही के संग जी लेते, जीवन का उजियारा।

हर सुबह है उत्सव जैसी, हर पल एक त्यौहार,
दद्दू–मोही के संग–साथ में, खिलता स्नेह अपार।

मोही जब भी रंग उठाए

मोही जब भी रंग उठाए, कागज़ पर छा जाए,
दद्दू बोले, "वाह रे कलाकार, क्या रंग सजाए!"

नारंगी–पीले नीले सपने, हर कोने में खिलते,
छोटे हाथों से जैसे जा इंद्रधनुष से मिलते।

दद्दू ने भी साथ पकड़ ली, रंगों की वो कूची,
दोनों मिलकर रचने लगे, ख़ुशियों की नई सूची।

कागज़, मेज़ें, दिल भी सब, रंगों से भर जाते,
दद्दू–मोही की आंखों में, सपने सच हो जाते।

मोही ने जब अक्षर सीखे

मोही ने जब अक्षर सीखे, 'क' से कमल खिलाया,
ताली बजाकर दद्दू ने भी, उत्सव नवल मनाया।

छोटे–छोटे ज्ञान के दीपक, मन में जगमग करते,
दद्दू के शुभ आशिष से, सारे पथ उजले लगते।

हर शब्द में जैसे नई कहानी, हर पंक्ति में रंग,
मोही के संग पढ़ते दद्दू, होकर उसके संग।

सीखने–सिखाने का यह सुंदर–सा विस्तार,
दोनों मिलकर रच लेते हैं ज्ञान का संसार।

मोही का गुस्सा

मोही जब भी होती गुस्सा, वो रटती बार–बार
"मैं दद्दू से बात नहीं करूंगी" कहती बारंबार।

दद्दू कहें, "क्यों प्यारी, आख़िर मेरी क्या ख़ता हुई,
जो बात नहीं करोगी तो ये मेरी बड़ी सज़ा हुई।

मोही फिर जल्दी ही मान–मनुहार से भर जाती,
दद्दू की मुस्कान में जैसे पूरी दुनिया है मुस्काती।

रूठना–मनाना तो प्रेम का ही एक भाग है,
दद्दू–मोही के रिश्ते में रंग भरा अनुराग है।

मॉल में मोही

मॉल में जब साथ जाए, मोही यों उछली जाए,
झूले, खिलौने, मिठाई, सब कुछ मन को भाए।

दद्दू का कसकर हाथ थाम, भीड़ से बचके मोही,
हर डर को सौंप दिया, विश्वास से दद्दू को ही।

मोही की आंखों में झलके, ख़ुशियों की बहार,
दद्दू के संग हर मेला, उसको लगता त्यौहार।

छोटी–सी उस सैर में भी, जीवन झलक जाता,
दद्दू–मोही का संग सदा सबके मन को हर्षाता।

मोही दद्दू को दवा खिलाती

मोही दद्दू को दवा खिलाती सुबह–शाम हर रोज़,
दद्दू के हैं क्या कहने उनकी तो बड़ी है मौज।

ठंडी हवा जब चलती, मोही उनके पास सिमटती,
फिर दद्दू की गर्म शॉल से मोही अपने को ढकती।

"ठंड लग रही बिटिया" कह दद्दू उसको सहलाते,
छोटे–बड़े ख़यालों में बड़े प्रेमभाव दिखलाते।

मोही स्नेह से उनके हाथ सिर पर अपने रखकर,
आंख बंद कर सो जाती मंद–मंद मुस्काकर।

मौसम चाहे जैसे बदले, स्नेह न बदले उनका साथ,
दद्दू–मोही का यह रिश्ता, रहे चारों पहर दिन–रात।

मोही ने जब गीत सुनाया

मोही ने जब गीत सुनाया, मीठी–मीठी तान,
दद्दू खो जाते सुनकर, मोही का ये मधुर गान।

हर स्वर में कोमलता, हर लय में था प्यार,
दद्दू की आंखों में भी, छलका स्नेह अपार।

गीत ख़तम होते ही बढ़ाया ताली से उत्साह,
मोही खिल उठी देखकर, बढ़ गई उसकी चाह।

उत्सव जैसे पल में ख़ुशी का कोई ना पारावार,
दद्दू–मोही का यह रिश्ता, जैसे हो मधुर सितार।

''दद्दू आप बूढ़े क्यों हो....?''

मोही ने जब पूछा, ''दद्दू, आप बूढ़े क्यों हैं?''
दद्दू बोले, ''बस, तुझसे मिलने को ही हैं।....

समय ने मुझको ढाला है, तेरे लिए ही ख़ास,
तू आई तो जीवन में मेरे, भर गया उजास।''

मोही बोली, ''यहां से कहीं न अब जाओ दद्दू'',
मेरे खेल–खिलौनों से तुम भी तो कुछ खेलो दद्दू;

छोटी उम्र की बातों में भी, प्रेम छिपा गहरा,
दद्दू–मोही का यह बंधन, सबसे सुंदर ठहरा।

मोही जब चित्र बनाती

मोही जब भी चित्र बनाती, दद्दू को दिखलाती,
"ये आप हैं", कहकर हंसती, ख़ुशियां बिखराती।

टेढ़ी–मेढ़ी रेखाओं में दद्दू का सच्चा रूप झलकता,
मोही का वह चित्र दद्दू को मोती जैसे लगता।

"बहुत सुंदर"– कहकर दद्दू, मोही को गले लगाएं,
मोही के इस आत्मविश्वास को, और अधिक बढ़ाएं।

सरल रेखाओं में छिपा पड़ा है, यह स्नेह अनमोल,
दद्दू–मोही के स्नेह–साथ का नहीं है कोई तोल।

दद्दू जब थक जाते

दद्दू जब थक जाते, वे चुपके से बैठ जाते हैं,
आओ दद्दू दबा दूं, कंधे आपके दुख जाते हैं।

मोही पास आ धीरे–धीरे, उनके कंधे दबाती है,
छोटी–सी सेवा से, बड़ा कष्ट हर ले जाती है।

दद्दू की आखें भर जातीं देख कर यह अपनापन,
मोही के प्रेम पर न्योछावर उनका सारा जीवन।

सेवा और स्नेह का ये, अद्‌भुत अनुपम संगम है,
दद्दू–मोही के रिश्ते में, सच्चाई का ज़मज़म है।

मोही को जब डर लगे

मोही को जब डर लगे, दद्दू के पास आ जाए,
दद्दू का हाथ पकड़ते ही चैन उसे मिल जाए।

''कुछ भी नहीं यहां है बेट्टू'', धीरे से समझाते,
अपनी स्नेह भरी गोद में, उसे सुलाकर जाते।

डर के साये हट जाते हैं, प्रेम की रौशनी से,
मोही का मन भर जाता, दद्दू की इस नर्मी से।

सुरक्षा का यह भाव ही है जीवन का आधार,
दद्दू–मोही का यह रिश्ता, सदा रहे साकार।

कहानी सुनती मोही

रोज़ दद्दू की गोदी में बैठ कहानी सुनती मोही,
आंखों में सपने भर–भर दद्दू को जगाती मोही।

चंदा–मामा पास जैसे उतर आए हों उसके घर,
दद्दू की है बात में जादू, सुनता जैसे पूरा शहर।

मोही की मुस्कान में बसता, जैसे उनका संसार,
इसके आगे दुनिया का सारा सुख मैं जाऊं वार।

समय ठहर–सा जाता, इस मीठे संग–साथ,
दद्दू–मोही रचते रहते, स्नेह–प्रेम प्रभात।

दद्दू, तुम पटना क्यों जाते हो.....?

मोही बोले दद्दू से, तुम पटना क्यों जाते हो....?
बार–बार नोएडा से दूर पटना क्यों जाते हो....?

दद्दू बोले, मोही सुनो, पटना एक किताब है,
हर पल जैसे जीने और जीवन का ख़्वाब है।
जहां समय की धार में, सपने चुनने जाते हैं,
मेहनत करने वाले सब, सपनों को सच पाते हैं।
मैं भी कुछ अनुभव चुनकर, अपने घर ले आता हूं,
उनमें से ही कथा–कहानी तुम तक पहुंचाता हूं।

मोही बोली, अब मैं समझी, राज़ तुम्हारे जाने का,
पटना जाना एक सफ़र है, नया–नया कुछ पाने का।

www.ingramcontent.com/pod-product-compliance
Lightning Source LLC
LaVergne TN
LVHW070955210926
848482LV00002B/223
* 9 7 9 8 9 0 5 4 0 0 3 7 7 *